INVENTAIRE
V35859

DES CHEMINS DE FER D'INTÉRÊT LOCAL

# AVANTAGES
DES
# COMPAGNIES LOCALES

PAR

**L. DAGAIL**

Ingénieur civil

« Avec une petite compagnie et
« une direction *locale* et *indépen-*
« *dante*, un embranchement doit
« toujours être rémunérateur. »

(*Enquête sur les chemins de fer. Rapport de M. Bergeron*, 1862.)

PARIS
DUNOD, ÉDITEUR
Librairie technique des Chemins de fer
49, QUAI DES AUGUSTINS, 49

ANGOULÊME
LIBRAIRIE F. GOUMARD
9, RUE DU MARCHÉ, 9

1870

**DES CHEMINS DE FER D'INTÉRÊT LOCAL**

BIBLIOTHÈQUE NATIONALE R.F. IMPRIMÉS

# AVANTAGES
DES
# COMPAGNIES LOCALES

PAR

**L. DAGAIL**
Ingénieur civil

> « Avec une petite compagnie et « une direction *locale* et *indépen-* « *dante*, un embranchement doit « toujours être rémunérateur. »
>
> (*Enquête sur les chemins de fer. Rapport de M. Bergeron*, 1862.)

DÉPÔT LÉGAL Charente 1870

ANGOULÊME
LIBRAIRIE GOUMARD
RUE DU MARCHÉ, 9

1870

35809

# DES CHEMINS DE FER D'INTÉRÊT LOCAL

## AVANTAGES

DES

## COMPAGNIES LOCALES

Nous avons déjà sommairement parlé (et nous y reviendrons encore très prochainement avec plus de détails) des chemins de fer à voie réduite, comme solution convenant, le plus souvent, pour les chemins de fer d'intérêt local à *faible trafic,* chemins qui constituent la grande majorité, sinon la presque totalité, de ceux restant à concéder en France.

Nous examinerons aujourd'hui la question de l'organisation des compagnies pour la construction et l'exploitation économiques de ces chemins.

Cette opération préliminaire est très importante, parce que souvent tout l'avenir du chemin en dépend.

Comme l'indique, du reste, la loi du 12 juillet 1865, les chemins de fer d'intérêt local peuvent s'exécuter de plusieurs manières différentes : par les départements, les communes ou des particuliers concessionnaires, subventionnés par les départements, les communes et l'Etat.

Nous allons examiner d'où peut partir l'initiative, selon les circonstances.

Un chemin peut intéresser tout un arrondissement, plusieurs arrondissements, tout un département, et quelquefois, mais plus rarement, plusieurs départements. Dans ce cas, le département peut, et il lui convient assez, si la ligne est très importante, de prendre l'initiative par l'organe du conseil général.

Le chemin peut intéresser une ou plusieurs villes : alors les administrations municipales de ces villes peuvent parfaitement prendre l'initiative.

Il peut arriver aussi qu'un chemin, à construire dans une région, intéresse spécialement quelques grands propriétaires ou industriels, qui prendront utilement l'affaire en main.

Dans tous les cas, du reste, le meilleur mode de procéder, à notre avis (et c'est aussi l'opinion d'un grand nombre d'ingénieurs), est, en général, l'organisation des *notables intéressés* en *comités* pour arriver à la constitution de *compagnies locales* (1). Mais, *dans aucune circonstance*, nous n'admettons l'intervention de *faiseurs* étrangers.

Lorsqu'un ou plusieurs départements prennent l'initiative, il doivent soigneusement étudier l'af-

---

(1) Quand les intéressés le *voudront bien*, ils pourront se rendre compte, presque sans dépense, de l'utilité de leurs chemins et des conditions dans lesquelles ils peuvent s'établir : ils seront alors certains du succès lorsqu'ils s'adresseront aux conseils généraux.

faire : d'abord le *trafic*, et voir, d'après ce trafic, *quel système de chemin il convient d'adopter*. Le chiffre de la dépense s'en déduit, et permet de calculer approximativement quelle doit être la subvention qui permettra au *capital industriel* de retirer un intérêt convenable de l'exploitation du chemin.

Pendant ces études préparatoires, une *compagnie locale* pourra parfaitement se former, parce que l'affaire, étudiée et présentée comme nous venons de l'indiquer, serait avantageuse pour cette compagnie. Si une compagnie locale ne se présente pas et que la ligne soit, *par sa longueur et son produit futur, assez importante*, ce qu'il y a de mieux à faire est de mettre la concession en adjudication ; mais en donnant la préférence, et laissant de grands avantages, à une compagnie locale, ou, du moins, où l'élément local et les finances locales seraient le plus représentés.

Nous insistons tout particulièrement, et nous insisterons encore sur cette nécessité des compagnies locales, parce qu'elles peuvent le mieux assurer la *construction et l'exploitation économiques* des chemins locaux, et rendre aussi *plus de services* aux populations desservies.

Lorsque les populations intéressées se montrent indifférentes, il serait convenable d'ajourner jusqu'à ce qu'une compagnie locale se forme, au lieu de concéder le chemin à une compagnie étrangère, surtout si la ligne a peu d'importance.

Comme le dit, avec beaucoup de raison, le rapporteur de la loi de 1865 :

« L'intérêt local est démontré par les charges

« que s'imposent les intéressés ; rien ne pourra « mieux consacrer la nécessité et l'importance « d'un chemin de fer que la somme des ressources « de tout genre qui aura pu être rassemblée pour « une entreprise d'utilité publique. (Les subven- « tions peuvent être, en effet, fournies en partie par « les communes et les particuliers.) La loi de 1842, « se trouvant en face de l'intérêt général, mettait « à la charge du Trésor la plus grosse part dans « les dépenses, et a permis ainsi d'établir les grands « réseaux ; la loi de 1865, ayant à satisfaire l'inté- « rêt local, créera le réseau secondaire, *en aidant* « les intéressés, qui auront à fournir ou à se pro- « curer *la majeure partie des ressources indispen-* « *sables.* »

Lorsqu'une ville prend l'initiative, elle demande quelquefois directement la concession ; mais, le plus souvent, elle provoque la formation d'une compagnie (locale le plus souvent). L'administration municipale remplit ainsi le rôle du comité qui précède l'organisation de la compagnie.

Cette compagnie, locale autant que possible, étudie le chemin, dresse les pièces demandées et adresse au conseil général sa demande de concession en sollicitant les subventions prévues par la loi. Ces subventions (du département et de l'Etat) ont été, jusqu'à présent, en général, de 30 à 60 pour 100 du montant total des dépenses prévues

Une ville peut également *subventionner* et *concéder* à une compagnie, sous réserves d'approbation du conseil général, un chemin de peu d'étendue.

Enfin, un département, avec l'aide de l'Etat, peut construire directement un chemin de fer local, comme il construit une route départementale. Mais c'est rare, parce que les départements n'ont généralement pas assez de ressources disponibles.

Dans ce cas, le département traite avec une compagnie pour l'exploitation du chemin.

Ces modes de procéder, *qui nous paraissent rationnels en l'état actuel de nos lois*, peuvent tous avoir pour *base* une *compagnie locale*, et nous espérons démontrer que la compagnie locale est, en général, indispensable pour la réussite d'un chemin de fer d'intérêt *local* (le nom seul de l'entreprise devrait l'indiquer).

Auparavant, nous examinerons un système désastreux qui se pratique quelquefois, et tend malheureusement à se généraliser.

Un comité s'organise à l'instigation d'un entrepreneur ayant beaucoup de crédit, ou cet entrepreneur fait ses offres de service à un comité organisé déjà.

Cet entrepreneur se charge d'étudier le chemin, d'en demander la concession et de le construire avec l'aide de la société qu'il organisera pour son exécution et son exploitation.

Pour les études préalables, des souscriptions sont, en général, recueillies par les soins des comités; des fonds sont demandés aux conseils municipaux des communes; il ne faut pas, du reste, de grosses sommes, parce que les études sont faites un peu en courant.

Le difficile est de trouver les capitaux ; mais le promoteur ne s'en occupe pas de suite. Il cherche d'abord à obtenir la concession et la subvention du conseil général par tous les moyens possibles.

La première chose à faire est d'étudier sommairement le projet, et surtout de le faire adopter par l'opinion publique.

Dès le début, nous indiquerons un des graves inconvénients de cette manière de procéder.

L'entrepreneur, lorsqu'il demandera la concession, connaîtra *seul* l'affaire.

Il n'aura généralement pas de concurrent pour demander la même concession; il serait étonnant, en effet, de voir deux entrepreneurs venir exploiter la même contrée et faire les études d'une même ligne.

Un soumissionnaire qui voudrait se présenter ne pourrait être renseigné par le conseil général ; il faudrait donc, s'il voulait concourir, qu'il fasse des études à ses frais; parce que celui qui les aurait faites ne les lui communiquerait certainement pas, et une nouvelle souscription pour étudier la même ligne n'aurait pas de résultat. C'est pourquoi ce concurrent ne se riquerait souvent pas à faire des frais qui pourraient être inutiles.

Il faut remarquer aussi qu'un entrepreneur qui s'engage dans une pareille affaire ne peut avoir qu'un but : construire pour réaliser de gros bénéfices ; le reste lui importe peu.

Si la concession est obtenue, on peut donc être certain que l'entrepreneur fera une excellente affaire.

Cela s'explique facilement.

En général, en effet, les entreprises de chemins de fer sont d'excellents marchés : des devis faits avec beaucoup de soin donnent lieu, en général, à des rabais énormes; et, malgré cela, les adjudicataires, par des habiletés et des *ficelles* (qu'on nous pardonne l'expression vulgaire) de métier, très permises, du reste, en général, trouvent encore moyen de gagner, presque toujours, de fortes sommes.

Mais le bon temps est à peu près passé, le métier est trop connu, il y a beaucoup de concurrence : où autrefois il fallait que les ingénieurs supplient un entrepreneur de prendre leurs travaux, il se présente aujourd'hui vingt concurrents.

Un assez grand nombre de ceux qui se lancent actuellement dans les adjudications n'ont souvent rien à perdre et tout à gagner.

Aujourd'hui, quelques-uns des grands entrepreneurs, ceux qui ont fait fortune au début des chemins de fer, préfèrent *lancer* une affaire eux-mêmes pour en devenir les constructeurs.

Il y a, en effet, une différence énorme,

Entre concourir et devenir adjudicataire, avec un fort rabais, et avoir un conseil d'administration, un directeur et des ingénieurs pour surveillants;

Ou être à la fois entrepreneur, président du conseil, directeur et ingénieur dans la même entreprise.

Cette position peut bien tenter et justifier quelques frais et quelques sacrifices pour y arriver.

Pour cela, circonscrire et s'emparer, pour ainsi

dire, d'une contrée, pour y étudier des chemins de fer, est un excellent moyen. On risque bien de perdre quelque argent, si les souscriptions ne couvrent pas les études et si l'affaire ne réussit pas (comme il peut arriver qu'un bénéfice soit même réalisé sur ces études); mais si l'opération réussit, si la concession est enlevée, c'est un gros bénéfice d'assuré. On peut, du reste, tenter ces entreprises dans plusieurs contrées à la fois; la concurrence est forcément rare, parce que les entrepreneurs pouvant et voulant se lancer dans des affaires aussi considérables ne sont pas très nombreux.

Par ces moyens, les conseils généraux peuvent donc, en quelque sorte, se trouver à la discrétion de *faiseurs* connaissant seuls les lignes dont ils demandent la concession ; en même temps que ces lignes sont vivement réclamées par les populations, parce que ces faiseurs ont eu soin d'avoir l'opinion publique pour eux.

Suivons donc la marche d'une semblable affaire.

D'abord, il est évidemment facile de gagner les populations, malheureusement encore peu éclairées, et qui se laissent abuser facilement quand on leur fait de belles promesses et qu'on ne leur demande pas d'argent.

Voyant arriver des personnages représentant très bien, leur parlant de chemin de fer, annonçant qu'on va leur faire une grande et belle voie ferrée, qu'elles n'auront à s'occuper de rien, ces populations, habituées à être menées et à tout recevoir d'en haut, croient déjà voir une grande compagnie, comme il en existe déjà, venir construire leur ligne. La plupart ne pensent même pas à se demander si le chemin projeté sera bon ou mauvais, s'il sera assez productif pour payer les frais d'exploitation ; ils se figurent qu'il existe une espèce particulière de gens, appelés *actionnaires*, qui ont mission de donner de l'argent pour bâtir des chemins de fer partout, toujours et quand même.

Si vous dites à beaucoup de gens : On étudie un chemin de fer chez vous, c'est très bien ; mais qui est-ce qui vous le construira ? Prendrez-vous des actions ? Ils vous regardent d'un air très étonné et vous répondent : Moi, je ne prendrai pas d'actions ; mais la compagnie !... n'est-elle pas là ? C'est elle qui fera le chemin ; c'est son affaire... et celle du *gouvernement !...*

Aussitôt que l'on commence des études, les habitants croient voir leur chemin de fer ; les *balises* (grands jalons de 5 à 10 mètres peints en blanc et en rouge et surmontés d'un drapeau) produisent surtout un effet magique. Dès que ces balises sont en place, on est très mal reçu de dire aux gens que leur chemin est impossible ou ne pourra s'exécuter de bien longtemps : ils vous soutiennent qu'il va se construire ; et, ce qu'il y a de plus fort, c'est qu'ils vous tiennent le même langage dans des communes traversées par deux ou trois directions comparatives où on fait des tracés.

Jusqu'à présent, l'état engourdi des populations s'est prêté et se prête encore assez bien à cette manœuvre ; mais nous sommes persuadés que la *décentralisation* et l'*initiative privée*, mises déjà en avant par un *ministère libéral*, et que nous préconisons pour la construction et l'exploitation économiques des chemins locaux, auront, à l'avenir, de nombreux adhérents : nous en avons déjà trouvé quelques-uns. Le moment semble propice, en général, pour répandre ces sages doctrines économiques, sauf dans quelques endroits où il est bon d'attendre que les effets du charlatanisme, qui a flatté l'amour-propre et les idées fausses des populations, soient passés. Le bon sens ne manque pas; mais il faut souvent, pour se faire comprendre, de longues explications répétées pour chaque intéressé, parce que les idées contraires sont très enracinées.

Pour arriver à faire triompher les idées justes en matière de chemins de fer locaux, il faudra désillusionner les gens, les faire descendre des hautes régions chimériques des grandes compagnies et des grands chemins de fer, se construisant sans leur intermédiaire, où l'on trouve beaucoup de luxe et de confort, et tout un appareil administratif qui, pour eux, a un prestige éblouissant. Il faudra les ramener péniblement à la réalité de petits chemins peu productifs, construits souvent d'une façon rustique et en quelque sorte *primitive* (1), éta-

(1) Nous entendons ici, par construction *primitive*, une construction d'une simplicité très étudiée et d'une économie pour ainsi dire perfectionnée, c'est-à-dire une construction établie avec la simplicité et l'économie extrêmes que la science, l'industrie et le progrès permettent d'apporter dans l'établissement des chemins de fer.

blis par eux-mêmes, en grande partie avec leur argent, exploités par eux, mais étant de *vraies voies utiles de transport*, et non pas un *vain appareil de luxe*, comme quelques chemins existant en France, et qui sont à peine exploités parce qu'ils sont construits d'une façon trop dispendieuse, et l'exploitation organisée sur un pied tel qu'elle est presque impossible, parce qu'elle coûte beaucoup trop cher.

Il faudra les pénétrer de cette vérité :

Que les chemins de fer d'intérêt local ne peuvent et ne doivent pas plus ressembler aux grandes lignes de chemins de fer que le plus humble chemin vicinal à une route impériale, et les rues de leurs bourgs et villages aux boulevards de Paris.

Ainsi donc, les populations sont facilement abusées par le charlatanisme des promoteurs de chemins de fer.

De là, les enquêtes, pétitions, délibérations, vœux de toutes sortes se couvrant de nombreuses signatures, que l'on fait sonner très haut au conseil général.

Et que l'on juge de la valeur de ces signatures, quand on pense que deux personnes de la même maison signent parfois des demandes opposées.

Les revenus probables de la ligne sont aussi un des grands moyens employés pour *enlever* une concession de chemin de fer.

On comprend, en effet, que c'est l'âme de l'entreprise ; ce qui en démontre l'utilité publique et justifie les subventions des départements et de l'Etat.

Aussi les promoteurs ne se font-ils pas scrupule de l'exagérer : ils portent volontiers cinq à dix fois le tonnage réel de certains produits. Ils sont malheureusement, du reste, souvent bien aidés par les municipalités et les populations des communes traversées qui, craignant que le chemin leur échappe pour passer chez leurs voisins, font assaut à qui offrira les plus gros trafics.

De cette manière, on voit communément des lignes présentées aux conseils généraux avec 10 à 14,000 fr. de recettes brutes probables, tandis qu'elles n'en pourraient avoir souvent que la moitié à peine.

Mais, en se présentant devant le conseil général pour demander une concession et une subvention, ce n'est pas tout de montrer un chemin destiné à un grand trafic, des demandes et des enquêtes couvertes de signatures ; il faut présenter aussi une combinaison financière, assurant la construction et l'exploitation de la future ligne.

C'est là surtout que se montre l'habileté des promoteurs de chemins de fer d'intérêt local.

Aujourd'hui, dans les pays peu ou moyennement accidentés, comme certaines portions de nos régions de l'Ouest, on peut, en général, établir, en suivant les principes économiques, qui commencent à se répandre en France et pratiqués depuis longtemps en Ecosse, des chemins de fer à une voie de un mètre cinquante centimètres, pouvant admettre au besoin le matériel des grandes compagnies, pour 80 à 85,000 fr. le kilomètre, matériel roulant compris.

Eh bien ! les entrepreneurs, organisateurs de chemins de fer, se chargent, à forfait, de construire pour 115,000 fr. à 125,000 fr.

En forçant un peu les chiffres, en faisant valoir de fortes sommes pour certaines difficultés, pour des escomptes, intérêts, frais accessoires, etc., etc., on passe assez facilement des premiers chiffres aux seconds.

Ces derniers chiffres sont, d'autant mieux adoptés, qu'une grande partie du public, et même quelques-uns des fonctionnaires de l'administration des travaux publics, nient encore la possibilité d'établir des chemins de fer à bon marché, et admettent volontiers le chiffre de 120,000 fr. comme un minimum.

A ce prix, les concessionnaires se chargent souvent de fournir la moitié du capital actions et obligations, à la condition que le conseil général accordera une subvention de vingt à quarante mille francs par kilomètre.

Cette subvention, jointe à la promesse de la moitié du *capital industriel*, représente les *deux tiers* environ du capital total : c'est donc une base acceptable pour une concession.

Cette promesse de capital, plus apparente que réelle, comme nous le verrons tout à l'heure, est un bien gros argument dans la bouche des partisans des lignes ainsi étudiées. Comment, vous disent-ils naïvement, si la ligne n'était pas très utile, très avantageuse, et l'opération excellente, comment tel personnage, riche entrepreneur, prendrait-il pour tant de millions d'actions ?

L'affaire est bonne, c'est vrai. Reste à savoir pour qui et comment.

Pour ce qui est de l'exploitation, les concessionnaires se montrent très larges : du reste, pourvu qu'ils s'engagent, au nom de la future compagnie, à construire et à exploiter, c'est tout ce que les conseils généraux demandent. Mais souvent, pour montrer l'*excellence* de l'opération, les promoteurs indiquent leurs futures conventions d'exploitation avec les actionnaires : ils annoncent, par exemple, qu'ils exploiteront avec 50 à 60 pour 100 des recettes brutes, et qu'ils abandonneront le reste aux actionnaires.

Il y a des chemins, d'un trafic probable de 6 à 8,000 fr. *au plus*, où des combinaisons analogues à celles que nous venons d'exposer ont été proposées.

Dans ces conditions, il faudrait pouvoir exploiter avec 3,800 fr. par kilomètre (au lieu de 5,000 francs, minimum généralement admis), et, avec 3,200 fr. ou mieux 2,000 fr., en prenant la somme obligatoire de 5,000 fr. pour l'exploitation, servir l'intérêt et l'amortissement de 80 à 90,000 actions et obligations (les chemins étant estimés 115 à 125,000 fr. et les subventions étant de 30 à 35,000 francs).

Il est vrai que les recettes prévues étaient exagérées de manière à faire paraître la combinaison possible et lucrative.

Admettons une concession obtenue dans ces conditions :

Un chemin pouvant se faire pour 80,000 fr., pris à forfait pour 120,000 fr., avec subvention de 30,000 fr., et l'entrepreneur, organisateur de la compagnie, s'engageant à prendre la moitié du capital actions et obligations, soit environ 40,000 fr. : le tout par kilomètre.

On peut voir de suite que ces 40,000 fr. représentent la différence entre le prix réel, 80,000 fr., et le prix du traité, 120,000 fr., supérieur au premier de 50 0/0. Si l'entrepreneur perdait tout son capital, il ne perdrait donc rien ou presque rien, puisqu'il touche 120,000 fr. pour faire 80,000 fr. de travaux.

Mais l'entrepreneur concessionnaire se gardera bien de prendre personnellement pour 40,000 fr. d'actions et d'obligations par kilomètre de chemin.

Armé du traité conclu avec le conseil général et du décret déclaratif d'utilité publique ; avec un chantage et une réclame qui ne reculent devant rien ; en faisant sonner très fort les mots de *décret impérial* ; la *subvention* du *conseil général* ; la *richesse exceptionnelle* de la contrée traversée ; les *recettes énormes* du chemin, comparables à celles de nos meilleures lignes ; en lançant à la tête des gens de grandes et belles *affiches*, couvertes des *noms ronflants d'hommes de paille*, que l'on retrouve à la tête de beaucoup de compagnies naissantes ; en un mot, avec les nombreuses ressources de *l'agiotage* de la Bourse, il est facile d'arriver à placer les actions et obligations des affaires les plus détestables, souvent avec *primes*, et même dans les pays intéressés : le promoteur en garde pour lui le moins possible...... et *l'affaire est faite*.

Il est facile de voir l'énorme bénéfice qui résulte, pour l'entrepreneur concessionnaire, d'une



BIBLIOTHÈQUE NATIONALE R.F. IMPRIMÉS

entreprise faite dans de pareilles conditions. En admettant même que les travaux, payés 120 000 fr. le kilomètre coûtent 90 à 95,000 fr., le bénéfice est encore de 20 à 25 0/0 de 120,000 fr.; c'est-à-dire que pour une entreprise de 5 millions de francs, ou pour 42 kilomètres de chemin, le bénéfice serait de 1 million à 1 million 250,000 fr. (1)

Notons qu'il peut parfaitement arriver que tout l'argent soit absorbé avant que la ligne soit prête à exploiter : l'entrepreneur et le conseil d'administration de la compagnie feront valoir des pertes, des difficultés imprévues, etc., et il faudra de nouveaux sacrifices de la part des actionnaires ou de nouvelles émissions. De là, nouvelles dépenses et nouveaux bénéfices pour l'entrepreneur; les administrateurs pourront avoir les mêmes intérêts que lui; ils s'en tireront toujours sans pertes; mais ce sera la masse des actionnaires qui, comme on dit, paiera les frais de la guerre.

Le même entrepreneur et la même société peuvent avoir plusieurs entreprises semblables; il peut en résulter des reports de fonds de l'une sur l'autre, et des complications toujours funestes pour les actionnaires et les intéressés.

On peut voir, par tout ce qui précède, que toute l'opération est *complétement indépendante* du chiffre des futures recettes du chemin, chiffre qui ne sert qu'à *lancer* l'affaire, et que la *spéculation* de l'entrepreneur peut être *très bonne* quoique l'ave-

---

(1) Si la dépense réelle était de 100,000 fr., le bénéfice serait encore de 16 fr. 60 0/0 de 120,000 fr.

nir de la ligne soit *très mauvais,* tout le bénéfice étant réalisé pendant la construction.

Il est triste de penser qu'il s'est trouvé des conseillers généraux pour encourager de pareilles *spéculations.*

Mais, dira-t-on, la compagnie doit exploiter la ligne.

Passons donc à l'exploitation, puisque la compagnie doit exploiter le chemin.

L'organisateur de la compagnie peut bien avoir annoncé aux actionnaires que l'exploitation serait faite avec 50 ou 60 0/0 de recettes; mais il faudra bien qu'ils se contentent de ce qui restera, si toutefois les recettes suffisent.

Cette compagnie étrangère cherchera, dans tous les cas, exclusivement ses intérêts, qui pourront être souvent opposés à ceux des intéressés ; elle ne fera aucune amélioration sans avoir la certitude d'en retirer immédiatement un bénéfice notable.

Maintenant il pourra arriver que l'exploitation ne soit pas avantageuse ou peu lucrative pour l'entrepreneur; alors, ayant conservé très peu d'intérêt dans la compagnie, il se retirera. (A la fin de la construction, son cautionnement lui aura presque été complétement remboursé.)

Admettons même que, pendant les premiers temps d'une exploitation désastreuse, les promoteurs aient encore beaucoup de titres en mains.

Mais rien de plus aisé que de s'en débarrasser avantageusement.

Il est bien facile de simuler, pendant quelque temps, une exploitation très lucrative : on augmente, sans besoin, le nombre des trains ; l'affaire est *préparée* par une certaine presse ; les administrateurs déclarent la situation très prospère, annoncent de très beaux bénéfices ; une assemblée générale adopte ; on alloue des dividendes *fictifs* magnifiques ; un *coup de bourse* fait monter brusquement les valeurs d'une si *belle affaire* ; ceux à qui leurs titres sont à charge s'empressent de les vendre ; et, huit jours après, on apprend... que la *compagnie est ruinée.*

Des actionnaires de compagnies *toutes locales* ne sont pas exposés à boire de ces *bouillons*, comme on dit vulgairement.

« N'avons-nous pas vu des exemples, malheu-
« reusement trop fréquents, où de pauvres action-
« naires de grandes compagnies se sont vus ruinés
« le lendemain du jour où on leur annonçait que
« leurs affaires étaient en voie de prospérité ? Ils
« n'avaient eu aucun moyen de contrôler l'emploi
« qu'on avait fait de leurs capitaux ; des divi-
« dendes fictifs leur avaient été distribués ; et
« leur confiance a été cruellement trompée. Cela
« n'est point à craindre avec une petite affaire
« locale, dont les éléments et la conduite sont
« constamment sous les yeux de ceux qui la diri-
« gent ; et, sous ce rapport, les souscripteurs du
« capital y trouvent toutes les garanties désira-
« bles. » (Rapport sur les chemins de fer écono-

miques d'Ecosse, par M. l'ingénieur Bergeron, à propos de l'enquête sur les chemins de fer.)

L'entrepreneur qui, comme nous l'avons vu, a pu réaliser un bénéfice de 20 à 25 0/0 sur les travaux, aurait-il même conservé pour 5 à 10 0/0 d'intérêt dans la compagnie, qu'il lui resterait encore un bénéfice de 10 à 20 0/0; et quand on pense qu'il s'agit d'entreprises roulant sur des chiffres qui peuvent atteindre 10 millions, on voit que cela vaut la peine de s'en mêler.

Tout le monde sait, du reste, que le désastre, la faillite d'une compagnie anonyme n'atteignent aucun des actionnaires personnellement; et qu'aucun d'eux, pas plus les administrateurs que les simples actionnaires, ne sont indéfiniment responsables.

Nous savons bien qu'il y a quelques intéressés qui disent :

Peu nous importe, après tout, qu'une compagnie étrangère, qui vient construire un chemin de fer chez nous, fasse de mauvaises affaires. Personne ne force les gens à prendre des actions; nous n'en prendrons pas; tant pis pour les capitalistes trop crédules (on ne plaint jamais un actionnaire malheureux). — Notre chemin se fera plus grandement que nous l'aurions construit nous-mêmes ; et une fois construit, il sera bien toujours exploité d'une façon ou d'une autre.

D'autres intéressés, à qui leur position de fortune permettrait de prendre dix à vingt actions, en prennent une ou deux, qu'ils considèrent à peu près comme un don gratuit fait à la compagnie, et tiennent le même langage.

D'abord, si ce chemin est construit pour un grand trafic et que le trafic soit très faible, son exploitation sera toujours désavantageuse : c'est comme celui qui serait obligé d'habiter un hôtel immense à condition de l'entretenir; il aurait souvent plus d'avantages à se construire, à ses frais, une habitation modeste, qui lui suffirait tout aussi bien.

Ensuite, une spéculation comme celle que nous venons d'indiquer devrait-elle réellement profiter à toute une contrée, qu'elle n'en devrait pas moins être sévèrement condamnée.

Mieux vaudrait ne pas construire que de construire avec de semblables combinaisons; c'est un système désastreux qui, s'il était favorisé par les conseils généraux abusés, serait la ruine des chemins de fer d'intérêt local.

A l'appui de la critique que nous venons de faire de l'intervention d'entrepreneurs et de capitalistes étrangers, nous citerons les passages suivants :

« En terminant, nous croyons bien faire en « appelant de nouveau l'attention sur ce point im« portant que les chemins *départementaux* doivent « être *construits et exploités* par les *départements* « ou les *intéressés*, et non concédés *soit à des* « *entrepreneurs, soit à des sociétés* étrangères aux « localités où ils sont projetés. *C'est là un principe* « *fondamental dont l'oubli serait désastreux* : il « donnerait naissance à des lignes *trop coûteuses*

« ou *mal étudiées*, à une exploitation peu com-
« mode et à bien d'autres inconvénients que nous
« avons signalés plus haut. » (Chauveau des Roches. — *Chemins de fer d'intérêt local.*)

« ... Aussi voit-on, dans beaucoup de cas, les
« comités d'organisation, au lieu de pousser à
« l'organisation d'une compagnie locale, faire don-
« ner la concession à un entrepreneur de travaux
« qui les couvre de son crédit et se réserve d'exé-
« cuter le chemin. Des actions et obligations sont
« émises pour subvenir à la dépense totale; mais,
« lorsque la ligne est livrée à l'exploitation, s'il y a
« déficit, ce sont les porteurs de titres qui en souf-
« frent, l'entrepreneur n'ayant plus conservé dans
« la ligne qu'*un faible intérêt*, ne fait qu'une *perte*
« *minime*, largement compensée par les *bénéfices*
« *réalisés par lui pendant la période de construc-*
« *tion.* » (Morandière; Société des ingénieurs civils, séance du 19 novembre 1869.)

« .... Il appartient aux ingénieurs plus qu'à tout
« autre de signaler les écarts de la spéculation
« dans les affaires d'intérêt public. Les études
« préliminaires sur les *dépenses* et le *produit* de
« ces entreprises (les chemins d'intérêt local) man-
« quent en général, ou elles sont faites avec *tant*
« *de parti pris*, que l'on peut considérer les ca-
« pitaux engagés dans les entreprises auxquelles
« s'appliquent les critiques de M. Morandière
« comme très aventurés. » (Eugène Flachat, président honoraire. — Même séance.)

« Il est très important de revenir fréquemment
« sur cette question de chemins de fer d'intérêt
« local...... Il existe un très grand nombre de

« tentatives n'ayant pas abouti, faute de direction « technique suffisante ; la plupart de ces chemins « étant tentés *par des entrepreneurs intéressés à « réaliser leur bénéfice sur la construction seule.* » (Eugène Flachat. — Même séance.)

Dans la construction et l'exploitation d'un chemin de fer d'intérêt local, il peut se présenter, au point de vue financier, diverses hypothèses :

Si l'affaire est bonne, il est bien évident qu'elle est aussi bonne pour les capitalistes intéressés que pour des étrangers, et même meilleure, comme nous le montrerons plus loin. Alors, pourquoi n'en profiteraient-ils pas ? Ils réaliseraient une bonne partie des bénéfices du spéculateur ; car évidemment presque tout ce que la spéculation gagne, les intéressés le perdent.

Et, du reste, *l'opération ne peut pas être mauvaise* pour les intéressés, s'ils construisent prudemment, c'est-à-dire un chemin *proportionné au trafic* ; tandis que le spéculateur cherche à dépenser le plus possible, parce que son bénéfice se réalise sur la construction seule.

Mais, dira-t-on, une compagnie locale ne pourra pas se procurer les capitaux nécessaires.

C'est une erreur.

Si les principaux intéressés ne projettent que pour les *recettes réelles*, et sont ainsi *convaincus* de la sûreté de l'entreprise ; et si, *étant conséquents avec leur conviction, ils s'engagent résolûment les premiers dans l'opération*, ils seront certainement suivis par la plupart des intéressés et arriveront toujours à un bon résultat.

Si l'opération est mauvaise lors de l'exploitation, il est certain que les promoteurs étrangers se retireront après la construction, qui leur aura procuré de beaux bénéfices; car ils n'exploiteraient que pour réaliser de nouveaux bénéfices, et non pour faire plaisir aux populations.

Si l'affaire est médiocre, l'exploitation sera languissante avec une compagnie étrangère; tandis qu'elle pourrait être prospère avec une compagnie locale qui aurait moins dépensé en construction, et qui, sur l'exploitation, pourrait même faire, comme nous le verrons tout à l'heure, des économies impossibles pour la compagnie étrangère.

Cette compagnie abandonnera donc aussi dans ce cas l'exploitation de la ligne.

Il est bien évident qu'une autre compagnie étrangère ou une grande compagnie ne viendra pas exploiter un chemin où une première compagnie n'aura pu faire ses frais.

Il faudra donc alors forcément que les actionnaires locaux (il y en aura toujours quelques-uns) et les intéressés fassent des sacrifices pour assurer le service de leur voie ferrée, et peut-être même s'organisent en *société locale* pour cette exploitation.

C'est ce qu'il leur restera de mieux à faire; parce que, comme nous allons le démontrer, l'exploitation d'un embranchement par une *compagnie locale* est, en même temps, le système le plus économique pour la compagnie et le plus avantageux pour le public.

Une grande compagnie et une compagnie étrangère sont obligées d'avoir un *état-major* d'employés au siége de la société, pour donner des ordres et correspondre avec les employés qui sont sur place.

Une petite *compagnie locale* n'a pas besoin de cet *état-major*.

Outre cet état-major, une compagnie étrangère aura des administrateurs plus ou moins salariés, ou au moins le système des *jetons de présence* sera largement pratiqué.

Une petite *compagnie locale*, au contraire, a pour administrateurs les *principaux intéressés*, qui sont, en même temps, les plus gros clients du chemin, et dont les fonctions sont *essentiellement gratuites*.

Le directeur d'une grande compagnie et un directeur étranger ne connaissent généralement pas les ressources du pays : ils sont absorbés par des affaires plus importantes.

Un directeur *local* connaît tout le monde, cherche des transports, et augmente le trafic de son chemin par ses relations.

Il est aujourd'hui parfaitement reconnu que les grandes compagnies perdent sur leurs lignes principales, et surtout sur leurs embranchements, beaucoup de *trafic local* (1); parce que, notamment, beaucoup de leurs employés sont encore trop *fonctionnaires* et pas assez *négociants* et *industriels* : quelques-uns se croiraient abaissés en allant demander du trafic, *faire l'article* enfin ; ils attendent gravement le client dans *leurs bureaux*, et sont souvent contrariés et manifestent leur mauvaise humeur quand on va les déranger pour faire gagner de l'argent à leur compagnie.

Les agents d'une compagnie étrangère seront souvent, comme ceux d'une grande compagnie, des créatures des administrateurs, des étrangers qui se croiront des personnages importants, traiteront les gens du haut de leur grandeur et, ayant des appointements fixes, ne travailleront que le moins possible ; parce que, en général, ils n'auront pas cet espoir d'avancement qui peut stimuler les employés des grandes compagnies ou des administrations publiques.

Une compagnie locale aura, au contraire, pour

---

(1) « Malgré les difficultés que présente une exploi-
« tation morcelée, notre conviction est qu'une *petite*
« *société*, n'ayant avec les grandes compagnies que
« des conventions pour l'usage de la gare de bifurca-
« tion et pour l'échange du matériel roulant, pourra
« tirer de l'exploitation d'un chemin de fer d'intérêt
« local un *rendement supérieur* à ceux que nous ve-
« nons d'indiquer.. » (Exploitation des chemins de fer par F. JACQMIN, directeur de l'exploitation des chemins de fer de l'Est, professeur à l'Ecole des ponts et chaussées.)

agents des gens du pays, connaissant parfaitement tous les clients, n'ayant aucune prétention à être traités en fonctionnaires, pouvant être eux-mêmes actionnaires et intéressés dans l'entreprise.

Une compagnie étrangère, comme une grande compagnie, aura toujours quelque chose de trop *administratif;* son service aura trop la physionomie d'un *service public.*

Une compagnie locale aura ce caractère *commercial* et *industriel,* qui fera sa force, et qui devrait *caractériser* toute entreprise de transports ; et les chemins de fer sont bien, par excellence, l'industrie des transports.

Les conditions, un peu forcées, de garantie d'intérêts dans lesquelles se trouvent nos grandes compagnies, jointes à la *tutelle* et à la *réglementation* gênantes de l'administration, ont pour effet de leur ôter, en grande partie, ce caractère commercial et industriel qu'elles doivent chercher, et qu'elles cherchent, en effet, à se donner ; comme l'indiquait, il y a déjà quelque temps, M. Boinvilliers, conseiller d'Etat : « ... la plupart des agents, « réduits jusqu'à cette époque à n'être que des « employés, dans la stricte acception du mot, à ne « s'associer à la prospérité de l'entreprise que « d'une manière fort douteuse , vont avoir devant « eux un horizon nouveau : *le bureaucrate se dou-« blera d'un industriel* ; il n'enregistrera plus seu-« lement la marchandise qui s'offre à ses guichets ; « il cherchera à la faire arriver jusqu'à lui ;.....

« enfin, il fera sérieusement *son métier de mar-* « *chand de transports* (1)..... » (L'Etat et les chemins de fer en 1865.)

Les compagnies ont parfaitement compris que leur prospérité dépendait de cette *transformation* de leur personnel.

Une compagnie locale aura toujours moins de transports gratuits ou à prix réduits à effectuer qu'une grande compagnie.

Le public, qui exagère souvent la richesse et la puissance des grandes compagnies, sera aussi moins exigeant pour une compagnie locale que pour une compagnie étrangère.

Toutes ces causes feront que la compagnie locale exploitera à *moindres frais* qu'une compagnie étrangère, et pourra, toutes choses égales, avoir des tarifs *plus bas* ou *améliorer* son service.

L'Ecosse offre beaucoup d'exemples d'embranchements qui sont exploités par de petites compagnies locales avec beaucoup d'économie, de profits pour les actionnaires et d'avantages pour le public.

Et, à l'appui de ce que nous venons de dire, nous citerons quelques passages du rapport (déjà relaté) de M. l'ingénieur Bergeron, adressé à M. le ministre des travaux publics, à la suite d'une mis-

---

(1) Un directeur de grande compagnie, dans une discussion avec un client, indiquait parfaitement par ce mot heureux ce qu'il était, ou mieux ce qu'il devrait être : « Que voulez-vous ? » disait-il, « *je suis* « *un marchand de transports.* »

sion qui avait été confiée à cet ingénieur pour étudier ces chemins, lors de l'enquête des chemins de fer, en 1861 :

« Les embranchements doivent être exploités « dans des conditions d'économie que peuvent ra- « rement atteindre les grandes compagnies.

« Sur un chemin de faible longueur, la surveil- « lance est active et incessante. Le directeur peut « se rendre compte par lui-même de ce qui s'y « passe; il connaît par leurs noms tous les em- « ployés ; il est en relation directe avec eux, sans « intermédiaire. Il en obtient une plus grande « somme de travail et de dévouement par des com- « munications personnelles et des ordres verbaux « que par des circulaires écrites ou des règle- « ments imprimés.

« Le directeur d'une grande compagnie, quels « que soient son travail, son intelligence, sa pré- « sence d'esprit et sa mémoire, ne peut pas utile- « lement fixer une attention soutenue sur toutes « les affaires qui lui arrivent.

« Il s'occupera naturellement, en premier lieu, « de celles qui concernent le *through traffick*, « comme on dit en Angleterre; c'est-à-dire le ser- « vice et le mouvement de la grande ligne, la « comptabilité générale, les expéditions de longs « parcours, les tarifs, les marchés et les rapports de « la compagnie avec l'administration supérieure.

« Les questions relatives aux embranchements « viendront ensuite; elles ne sont pas faites pour « l'intéresser beaucoup, puisqu'elles ont rapport à « une exploitation généralement onéreuse pour sa « compagnie. »

On peut en dire tout autant d'un directeur d'une compagnie étrangère, qui aura à s'occuper de beaucoup d'autres affaires; il pourra avoir plusieurs entreprises analogues aux quatre coins de la France, les unes en exploitation, les autres en construction, d'autres en voie de formation : ces dernières l'absorberont surtout davantage; car le point principal est d'arriver à la construction.

.........................................

« Il n'est donc pas surprenant que, sur la plupart « des embranchements appartenant aux grandes « compagnies, les frais arrivent à absorber les pro- « duits de l'exploitation et quelquefois à les dé- « passer.

« *Avec une petite compagnie et une direction lo-* « *cale et indépendante, un embranchement doit tou-* « *jours être rémunérateur.*

« Des administrateurs résidant sur les lieux « connaissent mieux que les étrangers les ressour- « ces du pays. Ils vont eux-mêmes à la recherche « de la clientèle; et, par leurs relations personnel- « les, développent le trafic local. Ils iront, s'il le « faut, comme nous l'avons dit pour le chemin de « *Peebles* (chemin écossais), jusqu'à *fournir des* « *sacs aux fermiers et aux cultivateurs, pour faci-* « *liter l'expédition de leurs grains.* »

M. Bergeron parle d'une compagnie locale écossaise, exploitée d'une façon très économique avec un personnel très restreint, et, après en avoir fait le détail, il ajoute :

« *Tout ce personnel* est payé comme de simples « ouvriers, à tant par semaine. Il n'y en a aucun

« parmi eux qui aurait la prétention d'être traité, « comme dans les grandes compagnies, en fonc- « tionnaire, exigeant de la part de ceux qui l'em- « ploient des égards, des procédés et une pension « de retraite sur ses vieux jours.

« Est-il possible à une compagnie quelconque, « organisée comme elles le sont chez nous, de « faire sur un de ses embranchements un service « aussi réduit, aussi simple et aussi économique « que celui de la petite compagnie de *Leven?*

« Je n'hésite pas à répondre qu'elle le peut ; « mais c'est seulement à la condition absolue de « confier à un agent responsable et indépendant « la *direction absolue* de l'exploitation de cette pe- « tite ligne. »

Cela revient alors, évidemment, à avoir une direction et une compagnie locales ; parce que l'unité de service d'une grande compagnie permettrait difficilement l'installation d'un agent auquel le directeur déléguerait assez d'autorité et laisserait assez d'initiative.

« Je crois avoir démontré que les embranche- « ments concédés à titre onéreux sont mal exploi- « tés par les grandes compagnies qui cherchent à en « atténuer les frais en réduisant le plus possible « le nombre des trains, » au grand détriment du public.

« Par le peu d'empressement qu'elles mettent « à encourager le trafic, elles sont sans cesse en « butte aux plaintes et aux récriminations des lo- « calités mal desservies.

« Le directeur d'un réseau de 1,200 kilomètres

« a bien autre chose à faire que de s'inquiéter du « mouvement d'un petit chemin qui se détache de « la ligne principale à plusieurs centaines de kilo- « mètres de son bureau; et, cependant, rien ne « peut s'y produire, aucun changement ne peut y « être apporté sans son autorisation préalable.

« Qu'un particulier vienne proposer une expé- « dition immédiate de bestiaux ou de marchandi- « ses exigeant un supplément de matériel ou un « train extraordinaire ; c'est bien rare s'il pourra « obtenir dans un court délai une réponse favo- « rable.

« Le plus souvent, le matériel sera absorbé par « le trafic de la ligne principale, et on ne pourra « pas en distraire un seul wagon pour l'envoyer « sur l'embranchement.

« D'autre fois on sera arrêté par la crainte des « accidents auxquels on s'expose en autorisant à « distance des trains exceptionnels dont la marche « est réglée par des circulaires qui peuvent ne « pas être toujours très bien comprises par les « agents subalternes.

« Il en serait autrement si la compagnie avait « sur les lieux un agent responsable, agissant avec « toute l'indépendance du directeur, et ayant une « autorité absolue sur le personnel et sur le mou- « vement du matériel affecté au service de la pe- « tite ligne.

« Les voyageurs et les expéditeurs de marchan- « chandises, appelés à se servir d'un embranche- « ment éloigné de Paris, auraient au moins à leur « portée quelqu'un capable de leur rendre raison « de suite s'ils avaient des propositions ou des ré-

« clamations à faire ; tandis qu'aujourd'hui ils sont « obligés de s'adresser à la direction de Paris ; et, « celle-ci, avant de leur répondre, croit devoir ou- « vrir une enquête, se faire envoyer des rapports « par ses inspecteurs, prévenir le contrôle, con- « sulter quelquefois le service du contentieux, « etc., formalités très longues qui fatiguent les uns « et découragent les autres. »

« *J'insiste particulièrement sur la nécessité de « concentrer, sous une direction absolue et locale, « tous les services d'un embranchement.* »

(Rapport de M. Bergeron.)

Nous ajouterons encore avec M. Chauveau des Roches :

...... .. ............................................

« L'ingérence d'une grande compagnie dans « l'exploitation d'un embranchement d'intérêt lo- « cal aura donc pour résultat un service *onéreux* « pour elle et *incommode* pour le pays.....

« Une société formée de capitalistes étrangers « au pays n'aura aucun intérêt local. Naturelle- « ment elle cherchera avant tout *à gagner le plus « possible.* Si le pays se trouve mal desservi, ce ne « sera qu'à la suite de plaintes réitérées qu'il ob- « tiendra une organisation meilleure ; car la com- « pagnie apportera beaucoup de mauvais vouloir « dans la discussion d'intérêts opposés aux siens. « Et quels inconvénients n'aurait-on pas à subir « dans le cas d'une faillite ?

« Le sort des compagnies du Dauphiné, de Lyon- « Genève, des Ardennes, etc., doit servir à se gar- « der de semblables combinaisons.

« Au contraire, une société formée des proprié« taires, des cultivateurs, des industriels, des com« merçants du pays, et dirigée par des agents *de* « *leur choix*, ne pourra jamais avoir d'autres in« térêts que ceux de la généralité des habitants. « Un parfait accord régnera entre les besoins réels « et l'organisation, si elle est intelligente. D'ail« leurs, il faut le dire, le public se montrera bien « moins exigeant lorsque lui-même sera à la fois « l'exploité et l'exploitant.

« Le réseau écossais, d'un développement de « 300 kilomètres, nous fournit un remarquable « exemple de la vitalité de ce système. Toutes les « lignes, même les plus mauvaises, fonctionnent « avec économie et à l'entière satisfaction des ha« bitants » (1).

(Chemin de fer d'intérêt local. — Ce travail de M. Chauveau des Roches a reçu la haute approbation de M. E. Flachat.)

---

(1) Parmi les lignes écossaises exploitées par des compagnies locales, il y en a dont les recettes brutes annuelles ne sont que de 4 à 5,000 francs par kilomètre. Cependant elles font leurs frais; c'est-à-dire que les dépenses sont encore *inférieures* aux recettes; tandis que presque toutes les lignes françaises comprises dans les réseaux des grandes compagnies et ayant moins de 8,000 fr. (et il y en a beaucoup) de produit brut, sont exploitées *à perte*.

Nous croyons avoir démontré qu'une compagnie étrangère n'entreprend, le plus souvent, un chemin de fer d'intérêt local que pour s'assurer de gros bénéfices pendant la construction.

Que, dans tous les cas, l'exploitation par une compagnie locale est plus avantageuse.

Ce qu'il y a donc de mieux, c'est la construction, et ensuite l'exploitation de ces chemins par ces dernières compagnies.

Nous allons donner quelques détails sur la formation de ces sociétés ; et ensuite montrer, comme nous l'avons déjà indiqué, que ce système est le plus économique, et que la fortune publique doit ainsi y gagner.

Dans toute question de chemin de fer d'intérêt local, le point le *plus important*, le point *fondamental*, à déterminer d'abord, est le TRAFIC PROBABLE.

*C'est là le point de départ.*

M. l'ingénieur H. Mathieu, dans une intéressante étude sur les chemins de fer, pose ainsi la question :

« *Etant donné le trafic, déterminer le chiffre de* « *la dépense kilométrique qu'il ne faut pas dé-* « *passer.* »

Il est, en effet, tout naturel de savoir au juste ce que l'on aura à transporter avant de s'occuper de la *machine de transport* : on sera sûr alors de faire une bonne opération en proportionnant l'*instrument de transport* au *tonnage à transporter*.

M. E. Flachat, qui est bien l'autorité la plus considérable que l'on puisse invoquer en matière de chemins de fer, s'exprime ainsi :

« Il importe plus que jamais, de préserver ces « *modestes entreprises* (les chemins de fer d'intérêt « local) *de prétentions ambitieuses et de ruineuses* « *illusions. Le seul moyen de les développer, c'est de* « *les proportionner aux services à en attendre*, par « un choix éclairé de leurs conditions de cons- « truction et l'économie relative qui en résulte. »

M. l'ingénieur Goschler, dans son remarquable traité de l'entretien et de l'exploitation des chemins de fer, dit en parlant de leur établissement :

. . . . . . . . . . . . . . . . . . . . . . . . . . . . .

« L'expérience nous apprend, il est vrai, que « tout chemin de fer, en général, devient une cause « active et incessante de développement des rela- « tions commerciales ou personnelles, rendant « avec usure au pays le bien qu'il en reçoit sous « forme de bénéfice ou, tout au moins, d'accrois- « sement de ressources.

« Mais une entreprise sérieuse *ne peut se fonder* « *sur ce contingent* : il faut qu'en venant au monde, « *elle gagne sa substance journalière d'abord*, c'est- « à-dire *ses frais d'exploitation ; puis les intérêts de* « *son capital*, si c'est possible. »

M. Boinvilliers, que nous avons déjà cité, est plus exigeant. Il dit, en parlant des chemins de fer :

« ..... Les entreprises industrielles (il appelle « ainsi ces chemins) sont faites pour rendre des ser- « vices tout matériels ; et si elles n'en rendent pas, « elles sont dans une position anormale ; *elles doi-*

« *vent gagner de l'argent, donner des dividendes;* « et, si elles n'en gagnent pas, il faut les suppri- « mer... »

Il est donc de la plus haute importance de *connaître le trafic avant de se lancer dans une étude de chemin d'intérêt local.*

Bien souvent on perd ce principe de vue ; on parle d'une ligne, on rêve un beau trafic et on marche. — Tandis qu'il faudrait, au contraire, être à peu près fixé sur les *recettes futures avant de planter un jalon*; parce qu'un trafic de 10,000 fr. par kilomètre permet évidemment une dépense plus grande qu'un trafic de 5,000 fr., et, par suite, *un tracé tout différent.*

M. Bergeron, dont nous avons déjà parlé, s'exprime ainsi, dans son rapport sur les chemins d'Écosse, à propos des études préliminaires :

« Avant de proposer la construction d'un em- « branchement, les propriétaires et les industriels « de la contrée traversée ont entre eux des ré- « unions préparatoires ; on y discute les avan- « tages et les mérites du projet, envisagé au double « point de vue du *produit* et de la dépense. Si, à « la suite de ces enquêtes préparatoires, le che- « min de fer ne paraît pas devoir réaliser les « avantages qu'on en espérait, l'affaire est aban- « donnée comme n'ayant pas de raison d'être ; « mais si, au contraire, on est *assuré que le trafic « aura assez d'importance pour que le produit net « atteigne ou dépasse l'intérêt légal de l'argent em- « ployé*, les habitants s'empressent de souscrire le « capital ; ils sont d'autant plus disposés à le faire,

« que les administrateurs ou promoteurs du pro-
« jet sont au milieu d'eux, qu'ils sont honorablement connus, que leur position sociale est une « garantie et est faite pour inspirer confiance dans « la bonne direction d'une affaire patronée par « eux. Ils ont, en outre, l'avantage de suivre sur « les lieux les développements de l'opération, de « s'en rendre compte jusque dans ses plus petits « détails, et ils ont la satisfaction de savoir exactement de quelle manière leur argent est dépensé.

« Il n'en est pas de même pour les grandes compagnies ou pour les compagnies étrangères, où « les placements se font avec la sécurité et les « chances qu'on a quand on veut tenter la fortune « au jeu ou à la loterie. »

Les intéressés feront bien de méditer sérieusement cette manière de procéder des populations écossaises, d'examiner surtout d'abord le côté *industriel* de l'entreprise, laissé souvent de côté; et de se rappeler « que, en général, le chemin de fer « *ne crée pas* le mouvement, mais le seconde et le « multiplie... » (1).

Selon M. Lan, ingénieur en chef des mines, les caractères saillants des chemins de fer d'intérêt local sont :

« L'organisation *essentiellement locale* des compagnies *qui permet un amoindrissement notable* « *des frais d'exploitation et de construction*; l'absence de toute préoccupation, de la part des ingénieurs, quant à la beauté des ouvrages; la

(1) Goschler : *Exploitation des chemins de fer.*

« liberté laissée aux compagnies au sujet de l'éta-« blissement des bâtiments de toute nature; l'in-« dépendance à peu près complète accordée à l'ex-« ploitation en matière de trafic. » (Enquête des chemins de fer. — Rapport au ministre des travaux publics.)

Malheureusement, l'esprit d'initiative est encore peu développé en France; et il sera quelquefois difficile d'organiser des compagnies locales ; mais nous ne croyons pas la chose impossible, au contraire ; et nous pensons, comme nous l'avons déjà dit, que le moment est propice pour provoquer ces sortes d'opérations.

Il faut, pour cela, que les comités d'initiative modifient leur manière de procéder.

Aujourd'hui, ils cherchent souvent à faire concéder leurs chemins à des compagnies étrangères ; ils enflent les recettes probables dans ce but. Comme nous l'avons vu, cette façon d'agir est désastreuse.

Il faut, au contraire, que les comités agissent sérieusement dans le but de former des *compagnies locales*, dont leurs membres seront les premiers actionnaires.

Ils verront alors, comme les Ecossais, les choses telles qu'elles sont, et arriveront à se rendre un compte exact des *recettes futures*, des dépenses de construction et d'exploitation. Ils pourront voir dans quelles conditions leurs chemins sont possibles.

Qu'ils mettent surtout à leur tête des personnes *habitant sur place.*

Quand les principaux intéressés seront *bien fixés* sur la valeur *financière* de l'entreprise, qu'ils seront *bien sûrs* que l'argent employé en dehors des subventions rapportera un intérêt convenable, qu'ils prennent alors sans hésiter des actions dans la mesure de leur fortune; c'est là qu'on reconnaîtra les vrais partisans des lignes projetées. Les promoteurs donnant le bon exemple, il est alors plus que probable que tous les intéressés, riches et pauvres, suivront, selon leur fortune, l'exemple donné (1).

Que chaque membre d'un comité d'initiative, que chaque intéressé dans une question de chemin de fer d'intérêt local se pose ces questions :

Si je devais personnellement construire le chemin de fer que nous projetons avec les deux tiers ou, au moins, la moitié de la dépense à ma charge (l'autre tiers ou l'autre moitié peut représenter les *subventions* probables), et si je devais l'exploiter à mes frais, l'établirais-je? Comment l'établirais-je ? Comment l'exploiterais-je ?

Les réponses à ces questions seront la solution du problème. Etudiée ainsi, il est *certain* que la ligne sera *utile* et *productive;* parce que si quelques intéressés se trompent, la majorité ne se trompera pas.

Nous sommes persuadé que, tant que les questions de chemins de fer d'intérêt local ne se pose-

---

(1) Il est bien à désirer que, pour faire participer le plus d'intéressés possible à ces entreprises, la loi sur les sociétés soit modifiée, de manière à permettre l'émission d'actions ou de coupons d'actions moindres de 500 fr.

ront pas ainsi, on n'arrivera, le plus souvent, qu'à des mécomptes.

Mais, dira-t-on, comment arriver à connaître exactement le trafic probable, de manière à marcher sûrement ?

Il est vrai que le revenu futur d'un chemin est souvent très difficile à évaluer, même avec approximation. Nous l'avons déjà écrit, et nous avons ajouté que, jusqu'à présent, on s'est presque toujours trompé : en moins pour les grandes lignes et en plus pour les chemins secondaires, qui ont presque tous donné moins que les prévisions.

Mais pour un chemin local de 10, 20, quelquefois 30 kilomètres et rarement plus, le problème se simplifie beaucoup.

Pour ces évaluations de recettes, il faut qu'au début les comités soient de véritables *commissions d'enquête privée* pour étudier le trafic. Avec de telles commissions, composées de tous les notables habitants de la région à desservir, chaque membre ou chaque groupe opérant sans parti pris et consciencieusement en se servant des comptages de circulation, des statistiques des différentes administrations, des tableaux d'octroi, des renseignements pris auprès des particuliers, dans les gares de correspondance; en tenant compte de la densité de la population, des habitudes ; en se renseignant auprès des industriels, des commerçants, des roulagistes, des entrepreneurs de voitures publiques; en examinant surtout les lignes situées dans des conditions analogues, etc.; tous ces documents étant discutés en séance et contrôlés les uns par les autres, il est très possible d'arriver à une estimation suffisamment exacte (1).

Il faudra, d'ailleurs, ne compter que ce qui sera bien acquis au futur chemin, faire la part du roulage qui survivra, écarter tout ce qui sera aléatoire et n'admettre les augmentations probables de certains produits qu'avec la plus grande prudence. En prenant toutes ces précautions, on arrivera à un certain chiffre. Que l'on diminue encore ce chiffre de un quart à un cinquième, et que l'on bâtisse son projet et toute l'entreprise sur ce dernier résultat.

Que les intéressés ne comptent jamais, en général, sur le trafic qu'ils pourront enlever à une grande ligne; parce que, comme nous le montrerons plus tard, un chemin de fer d'intérêt local peut difficilement faire concurrence à une grande ligne, et d'ailleurs ne le doit pas.

Nous irons jusqu'à dire que les promoteurs locaux doivent faire les études du trafic et du chemin de manière à pouvoir *garantir* de leur fortune personnelle les actionnaires peu éclairés qui craindraient de s'engager dans l'opération.

Si, par exemple, tous les calculs du trafic conduisent à une recette sûre de 6,000 fr. par kilo-

---

(1) Si quelque intéressé enfle certains chiffres dans le but d'avoir le chemin plus près de son village, ces chiffres seront facilement corrigés par les intéressés ayant un intérêt opposé et par ceux habitant les *points obligés* du tracé.

mètre, que les intéressés établissent leur chemin pour un produit de 5,000 fr.

*Ils seront certains de faire une opération lucrative.*

Cette recette brute et une subvention modeste permettront de dépenser 50,000 fr. par kilomètre de chemin ; et ce chemin pourra parfaitement suffire, comme nous le démontrons ailleurs (1), à un trafic de *15,000 fr. à 20,000 fr.* par kilomètre.

Ce chiffre de 5,000 fr. de recettes peut sembler bien modeste. Cependant, il y a, en France, des lignes qui ne le donnent point, et un grand nombre de demandées qui ne le fourniront pas.

Nous ferons voir, dans la suite, qu'à partir de 3,000 fr. de recettes brutes et une subvention de 25,000 fr. par kilomètre, ou à partir de 4,500 fr. sans subvention, on peut, dans certains cas, arriver déjà à une solution satisfaisante,

En étudiant le trafic comme nous venons de l'indiquer, il est certain que les belles recettes rêvées s'évanouiront bien vite, que l'amour-propre des promoteurs ne sera guère flatté quand ils verront que leur futur chemin aurait un produit souvent insignifiant.

Beaucoup de projets mis en avant passeront à travers ce *crible impitoyable* de l'étude du trafic.

Mais ceux qui resteront seront, au moins, de sérieuses entreprises dont l'étude pourra être poursuivie sûrement ; tandis que la plupart des autres

---

(1) Voir notre brochure : *Mémoire sur un chemin de fer de Pons à Royan.*

sont souvent ce qu'on a justement appelé, à une époque peu éloignée, des *chemins électoraux.*

Jusqu'à présent, les compagnies locales ont été assez difficiles à organiser et les capitaux surtout peu faciles à trouver.

Ce n'est pas étonnant.

Presque partout les promoteurs locaux ont projeté des chemins pour *des trafics bien supérieurs aux trafics réels;* c'est-à-dire des chemins ne pouvant pas donner de bénéfices, mais bien de la perte aux actionnaires.

Dans ces conditions, ils considèrent prendre des actions comme faire un *sacrifice* et non un *bon placement*, et ils en prennent peu. Alors comment veut-on, par exemple, qu'un petit propriétaire, riche de 10,000 francs, prenne une action, quand il voit son voisin, riche à 200,000 fr., et l'un des promoteurs, en prendre *une* ou *deux* seulement!

Si ce grand propriétaire prenait pour 10 à 20,000 fr. d'actions, il est certain que le petit en prendrait pour 500 fr. à 1,000 fr.

Presque tous les principaux actionnaires de quelques compagnies locales, formées ou en formation, que nous avons eu occasion d'entretenir, nous ont toujours dit qu'ils ne comptaient point sur l'intérêt de leurs actions. Comment en prendre beaucoup avec une pensée semblable? comment être bien persuasif pour en faire prendre aux autres? Ce n'est pas possible !

Ils avaient tous projeté trop grandement !

Comment les intéressés souscriraient-ils des fonds, quand tous ceux qui veulent un peu réfléchir ou qui ont la moindre notion de chemins de fer sont persuadés qu'un grand nombre des lignes projetées *ne feront pas leurs frais d'exploitation.* Malgré les plus fortes subventions, tout capitaliste éclairé ne s'aventurera pas ; on ne peut trouver que des bailleurs de fonds étrangers, trompés par des études de trafic mensongères.

Il y a des personnes qui ont la naïveté de s'étonner de l'abstention des capitalistes locaux ; c'est bien le contraire qui serait surprenant. Mais on aurait grand tort d'en conclure, avec ces personnes, que l'organisation des compagnies locales est, en général, impossible.

Les placements sur les chemins de fer d'intérêt local peuvent constituer les placements les plus *solides* et les *plus avantageux* ; mais c'est à la condition que ces entreprises seront *sagement projetées.*

Par exemple, si l'on construit une ligne pouvant donner immédiatement 5 à 6,000 fr. de produit brut, de telle façon que les frais d'exploitation et l'intérêt du capital industriel soient couverts avec 5,000 fr., toutes les augmentations de recettes constitueront, en grande partie, *un dividende.* Le produit des fonds engagés augmentera tous les ans; et lorsque les recettes auront atteint 10,000 fr., on pourra donner 8 0/0 aux actionnaires, en sus de l'intérêt et de l'amortissement.

Si l'on construisait, au contraire, en vue d'un trafic immédiat de 8 à 10,000 fr., on créerait une entreprise ruineuse, parce que les frais seraient supérieurs aux recettes, et qui ne réussirait certainement pas.

Quand on proposera aux intéressés de bons placements sur place; que les entreprises seront patronnées par les personnes les plus marquantes, que ces personnes y placeront elles-mêmes leurs capitaux, il est certain qu'on trouvera partout des fonds.

Ce serait à désespérer du bon sens des gens si, quand on trouve beaucoup d'argent pour des emprunts étrangers, on n'en trouvait pas dans une localité pour y construire un chemin de fer, *quand il sera démontré que cet argent rapportera autant que les placements sûrs les plus avantageux.*

L'esprit de la loi de 1865 indique parfaitement que les chemins de fer d'intérêt local doivent être exécutés par les compagnies locales.

M. le comte Le Hon, rapporteur du projet, s'exprime ainsi :

« ... En outre, il faut bien l'avouer, les popula-
« tions, peu éclairées, comprennent fréquemment
« leurs intérêts d'une manière étrange. Sollicitées
« de souscrire des actions dans les plus larges
« proportions possibles, afin de n'être pas obligées
« de recourir à un capitaliste étranger, *dont l'in-*
« *tervention élèvera le prix du chemin*, puisqu'il
« prendra une forte commission, malgré les expli-

« cations les plus exactes, maintes fois réitérées,
« elles se laissent difficilement convaincre : c'est
« que *cette manière économique* de procéder est
« une innovation, et que la France est généralement
« routinière.

« Enfin, il arrive encore parfois que l'on tourne
« indéfiniment dans un cercle vicieux : les inté-
« ressés ne voulant souscrire d'actions que lors-
« que le conseil général aura voté la subvention;
« et, de son côté, le conseil général ne voulant
« voter un secours que lorsque les actions auront
« été souscrites... »

Tout cela est malheureusement trop vrai.

Cependant, nous le répétons encore, quand les promoteurs seront *bien convaincus* que l'argent engagé rapportera un intérêt suffisant, ils pourront aisément convaincre leurs concitoyens. Mais il faut à la tête des comités locaux des personnes locales, actives, dévouées, payant de leurs personnes et de leurs deniers au moment décisif.

Il ne suffira pas de *donner* une petite somme pour les études et de se cacher ensuite derrière les capitalistes étrangers abusés : *il faudra souscrire des actions.*

Ce sont les populations, pour montrer l'utilité du chemin, et non les conseils généraux, qui doivent commencer la formation du capital.

Il y a un moyen, du reste, d'obliger les populations à agir ainsi : *c'est que les conseils généraux ne prennent pas l'initiative,* laissent agir l'initiative privée qui sera alors forcée de se produire (1). (Ils économiseront ainsi les frais d'études.)

**QU'ILS NE SUBVENTIONNENT JAMAIS QUE DES COMPAGNIES LOCALES !**

Ils pourront alors voter des subventions avec confiance, étant persuadés de bien employer les deniers publics; parce que ces compagnies ne proposeront et ne demanderont que des lignes *productives*, et, partant *utiles*.

Ainsi, quand un groupe d'intéressés viendra dire au conseil général :

Voyez, nous avons étudié tel chemin; il pourra coûter tant et rapporter tant de *produit net* couvrant à 6 p 100 les deux tiers, par exemple, du capital nécessaire à la construction; donnez-nous l'autre tiers,

Que le conseil général n'hésite pas à voter la subvention, après s'être assuré, toutefois, que les recettes *n'ont pas été exagérées;* car les intéressés pourraient quelquefois augmenter le produit du chemin et les dépenses du projet dans le but d'avoir une subvention plus forte, afin de dépenser moins de capital industriel qu'ils en auraient annoncé.

A notre avis, le conseil général et le préfet doivent surtout vérifier *l'enquête de trafic*, partie *essentielle* d'un avant-projet de chemin de fer.

Mais que les conseils généraux *restent sourds* à

(1) «... Nous n'avons point d'initiative individuelle ; « nous n'en aurons que si nous sommes obligés d'en « avoir... » (Saint-Marc-Girardin.—*Journal des Débats.*)

toutes demandes présentées différemment *par des compagnies étrangères* ou des compagnies soi-disant locales ayant à leur tête des *spéculateurs étrangers !*

En subventionnant des capitalistes étrangers, les assemblées départementales encourageraient un *honteux agiotage* et *gaspilleraient* ainsi les ressources de l'impôt.

Mieux vaudrait cent fois ne pas établir de chemins de fer et construire plus de chemins vicinaux, dont le réseau est bien loin d'être achevé (1)...

Presque toujours, quand on ne trouvera pas les capitaux dans les localités traversées, c'est que les *éléments du trafic manqueront* ou que le chemin projeté sera bien supérieur aux besoins : où un chemin d'intérêt local aura sa raison d'être, c'est-à-dire sera conçu rationnellement, *on trouvera des capitaux pour sa construction*, sauf de bien rares exceptions.

Nous avons dit que la construction par une compagnie locale était plus économique : pour le démontrer, nous laisserons la parole à M. Bergeron :

« Quand des propriétaires voient leurs champs « traversés par des légions d'agents de compagnies « étrangères au pays, chargés de faire les études « d'un chemin de fer, ils sont généralement ani-

(1) Il y a des départements, notamment la Charente et la Charente-Inférieure, où il y en a encore plus de 2,000 kilomètres à faire.

« més de sentiments peu bienveillants à leur égard. « Ils ne tiennent aucun compte des avantages que « le chemin de fer doit leur procurer et ne son- « gent qu'à faire payer le terrain le plus cher pos- « sible. A leurs yeux, les administrateurs des com- « pagnies dont le siége est à Paris sont des *spécu- « lateurs* qu'il est toujours bon d'exploiter, et ils « ne manquent pas de le faire.

« Nous pourrions citer une multitude d'exem- « ples où les grandes compagnies ont été dans la « nécessité de payer les terrains à un prix triple « et quadruple de leur valeur réelle.

« Cela ne peut avoir lieu pour une petite com- « pagnie locale, où les propriétaires sont eux-mê- « mes souscripteurs du fonds social. Ils se connais- « sent tous, et aucun d'eux ne peut émettre des « prétentions exagérées sans soulever une vive « opposition de la part de ses collègues, qui savent « parfaitement ce que vaut sa propriété.

« L'opposition serait non moins vive contre ce- « lui qui réclamerait un plus grand nombre de « passages de la voie ferrée qu'il ne convient pour « la desserte de ses champs et de ses cultures. Les « grandes compagnies et les compagnies étrangè- « res sont toujours victimes de ces sortes d'exi- « gences, tandis que les compagnies locales en se- « raient exemptes, autant que possible.

« Les administrateurs d'un chemin de fer qui « résident sur les lieux mêmes où la ligne est en « construction connaissent mieux que les étran- « gers les ressources du pays, soit pour la qualité, « soit pour le prix des matériaux. »

. . . . . . . . . . . . . . . . . . . . . . . . . . . .

« Une direction *locale* aura toujours, sur celle de « Paris, l'avantage de profiter de toutes les circons- « tances favorables qui peuvent se présenter pen- « dant l'exécution des travaux, soit en améliorant « les tracés, soit en modifiant les dimensions et le « mode de construction des ouvrages d'art.

« Le public sera évidemment plus exigeant pour « la grande compagnie ou pour la compagnie « étrangère que pour la compagnie locale.

« Dans le premier cas, il demandera pour l'em- « branchement des stations disposées et établies « comme celle de la grande ligne ; on voudra des « ouvrages d'art somptueux, des voies d'accès, des « chemins latéraux, des passages en nombre exa- « gérés.

« Les demandes de ce genre se produiront de « tous côtés. L'administration supérieure les si- « gnalera aux compagnies, et celles-ci feront le « plus souvent droit aux réclamations.

« Il est donc bien difficile, pour une grande « compagnie, de construire des embranchements « à bon marché.

« Pour une compagnie *locale* et *indépendante*, c'est autre chose.

« D'abord le chemin de fer est fait généralement « pour le compte de ceux qui doivent s'en servir, « et leur propre intérêt les empêchera de crier « trop haut contre les installations de service qui « n'ont pas le luxe et le confortable des grandes « lignes.

« Ensuite personne n'aurait le courage de lui « imposer des travaux dont l'importance excéde« rait de beaucoup les ressources financières de « l'entreprise.

« Les ingénieurs des grandes compagnies, com« me nous l'avons déjà dit, ne font pas assez de « différence entre le mode de construction des « embranchements et celui des grandes lignes; « les tracés, profils, ouvrages d'art, disposition des « gares, sont souvent les mêmes; leur prix de « revient est presque aussi élevé.

« Les ingénieurs écossais ont acquis la réputa« tion et se sont fait une spécialité de construire « des chemins de fer *à bon marché*.... »

(Enquête des chemins de fer, — rapport de M. Bergeron.)

En Ecosse, le terrain est bien aussi accidenté qu'en France : tout y est aussi cher, excepté les rails et les coussinets. Malgré cela les compagnies locales y ont construit pour 100,000 francs, en moyenne, des chemins que nos grandes compagnies n'ont pas exécutés à moins de 150 à 200,000 fr. Ce n'est que dans ces dernières années que les ingénieurs français ont construit quelques lignes aux mêmes prix que les chemins écossais.

Nous citerons aussi le passage suivant :

« Au point de vue de l'économie de premier « établissement, nous n'hésitons pas à le dire : « oui, *l'avantage demeurera aux petites compagnies* « *locales indépendantes*, surtout si elles sont for« mées *par les propriétaires intéressés*. Il suffit de

« comparer les agissements des grandes et des pe-
« tites sociétés pour demeurer persuadé de la ri-
« gueur de cette affirmation, malgré toute appa-
« rence contraire. » (Level. — Chemins de fer d'intérêt local.)

Nous avons prouvé que les *compagnies locales indépendantes construisent et exploitent plus économiquement* les chemins de fer d'intérêt local que les grandes compagnies ou les compagnies étrangères.

Pourquoi alors ne pas chercher à développer, en France, cet heureux système qui produit d'aussi beaux résultats en Ecosse? Il n'y a pas de raison pour que les mêmes effets ne se produisent pas dans notre pays.

On répondra que ce n'est pas dans nos mœurs; que l'Ecosse n'est pas la France.

Il est incontestable qu'il y a une différence énorme entre les deux pays.

En Angleterre, lorsque des particuliers ont besoin de faire un travail d'utilité publique, leur première idée est de le faire par *eux mêmes* : ils ne songent à réclamer à une influence quelconque ou à leur gouvernement, qui, pour eux, n'existe que pour les rapports internationaux, que lorsqu'il leur est impossible de faire autrement.

En France, au contraire, si une localité a besoin de quelque chose, la dernière pensée qui viendra sera de faire par *soi même* : on ira d'abord frapper à toutes les portes influentes, solliciter auprès des fonctionnaires de tout ordre et de tout grade.

Et qu'on ne dise pas qu'en France on est forcé d'agir ainsi parce que les charges sont énormes. Il est vrai que les impôts sont lourds et pourraient être, sinon diminués, du moins *mieux répartis* et *mieux employés* (1) ; mais l'impôt, par tête, est de 50 fr. environ en France et de 70 fr. aux Iles-Britanniques ; impôts de l'Etat seulement. Il y a, de plus, les impôts communaux, qui sont aussi plus élevés en Angleterre.

Sans espérer à un aussi haut degré, pour la France, cet esprit d'initiative et de persévérance qui distingue et *fait la force* de nos voisins d'outre-Manche (plusieurs causes, notamment le régime de la propriété, s'y opposent), nous pouvons cependant espérer voir se développer l'*initiative individuelle* qui, à l'heure qu'il est, n'existe pas ou presque pas ; parce que la réglementation a tué l'esprit public (2).

Le Français, comme on l'a répété bien souvent, aime assez et même trop l'appareil administratif

---

(1) « Le gouvernement le plus économe n'est pas celui qui dépense *le moins ;* c'est celui qui dépense *le mieux.* » (Michel Chevalier.)

(2) « Pourquoi n'y a-t-il pas d'esprit public en France ? C'est qu'un propriétaire est obligé de faire sa cour à l'administration. » (Napoléon III.)

et à être gouverné. Nos institutions et nos lois, il faut bien le dire, ont beaucoup contribué à nous donner ces mœurs, que jusqu'à présent nos gouvernants, aimant presque toujours trop à gouverner, se sont appliqués à maintenir (1).

Pour favoriser et développer l'initiative privée, il faut deux choses : *liberté d'action* et *décentralisation*, ou mieux *non réglementation*.

Nous n'avons jamais eu ces deux choses à la fois : on ne peut donc pas trop dire que nous ne sommes pas nés pour l'initiative individuelle *et faire nos affaires nous-mêmes*.

Dès 1775, *Malesherbes* se plaignait au roi de l'excès de la centralisation (2); et, depuis cette époque, elle n'a point diminué.

Aujourd'hui, le ministère cherche à développer l'initiative privée. Nous avons à peu près les libertés nécessaires. On nous prépare la décentralisation; espérons qu'on nous donnera non-seulement la *décentralisation*, mais surtout la *simplification administrative*, plus utile que la décentralisation; que l'*autorisation préalable* devienne l'exception au lieu d'être la règle. (3).

---

(1) On a dit fort spirituellement que la nation française était composée de *fonctionnaires*, de *factionnaires* et d'*actionnaires*. Les actionnaires ne sont pas de trop, surtout dans la question qui nous occupe; mais il faut bien avouer qu'on pourrait faire une économie de fonctionnaires, et *surtout de factionnaires*.

(2) *Journal des Débats* du 28 février 1870.

(3) « Ce que nous devons craindre, en effet, c'est la

**Rien ne s'opposera donc plus bientôt à ce que l'on renonce à ce système déplorable de tout demander à l'Etat; de mettre constamment le gouvernement en cause à propos de tout et à propos de rien.**

---

« substitution du gouvernement au citoyen pour tous « les actes de la vie sociale, c'est l'affaiblissement de « toute initiative personnelle, sous la tutelle d'une « centralisation administrative exagérée. » (Le prince Napoléon. — Discours prononcé à Limoges.)

« Grâce à l'appareil législatif que nous a légué le « passé, en France, on ne peut remuer une pierre, « creuser un puits, exploiter une mine, élever une « usine, s'associer, et, pour ainsi dire, user et abuser « de son bien, sans la permission ou le conseil du « pouvoir central. » (Duc de Morny. — Discours au conseil général du Puy-de-Dôme.)

« .....Tantôt la réglementation affecte la forme de « l'autorisation préalable que le citoyen français est « tenu d'obtenir avant de se mouvoir à droite ou à « gauche. » (Michel Chevalier.)

« ..... Je tiens pour *excessive* une centralisation qui « enlacerait presque tous les actes des citoyens dans « la nécessité d'*autorisations préalables*..... » (Odilon-Barrot. — *De la Centralisation et de ses effets.*)

« ..... Comment fortifier l'individu ? »

« Nous répondons : En le délivrant des entraves qui « gênent et qui paralysent son activité personnelle. »

« Mais où sont ces entraves ? » — « Dans les *mille et* « *un règlements* de l'administration publique, dans « les *mille et une autorisations* exigées pour les di- « vers actes de la vie agricole ou industrielle... »

(Saint-Marc Girardin. — *Journal des Débats* du 24 février 1870.)

Le ministre de l'intérieur donne l'impulsion, comme l'indique sa circulaire aux préfets, à son entrée aux affaires ; mais il faut que les populations s'y prêtent. Elles ne peuvent mieux appliquer leur initiative qu'à toutes leurs affaires civiles, et les chemins de fer locaux sont une admirable occasion de s'essayer.

Mais, pour compléter les heureux effets que produira cette initiative privée aidée par la simplification administrative, il serait à désirer que les voies ferrées économiques puissent s'exécuter, sans le concours des départements et de l'Etat, *avec les seules ressources des intéressés aidés par les communes.*

Il faudrait que l'Etat et les départements n'interviussent que lorsque, par suite de *circonstances exceptionnelles*, il serait matériellement impossible, avec les recettes probables et les subventions locales, de faire face aux dépenses d'un chemin qui cependant serait jugé très utile.

En terminant, nous répondrons à une objection qui est faite souvent.

On dit : l'Etat et les départements construisent bien, avec les ressources de l'impôt, les grandes routes ; l'Etat a bien contribué puissamment à l'établissement des grandes lignes de chemins de fer. Pourquoi l'impôt n'établirait-il pas les chemins de fer d'intérêt local ?

D'abord, les finances particulières ont contribué

pour la plus large part dans la construction de nos grandes lignes. L'Etat est intervenu par des subventions et des garanties d'intérêt, que quelques compagnies lui remboursent bien largement en impôts et services rendus (1).

Au début de l'établisement des chemins de fer, les capitaux étaient très timides : le gouvernement était obligé ou de construire lui-même ou d'encourager les capitalistes, que les études sur le trafic ne garantissaient pas suffisamment.

Plus tard, lors de la concession des derniers réseaux, l'Etat obligea les grandes compagnies existantes à prendre un grand nombre de lignes projetées dans des conditions *grandioses* quoique d'un *produit* pas toujours assuré, et il fut forcé de garantir encore les *intérêts*.

Mais si les ressources budgétaires et les capitaux privés étaient bien employés au début, les nouveaux réseaux n'ont pas justifié les sacrifices faits pour leur exécution (2).

Du reste, ce qu'a fait l'Etat pour les grandes

---

(1) Par exemple, la compagnie de Paris-Lyon-Méditerranée paie ainsi au gouvernement 10 fr. 94 p. 100 des sommes qu'elle a reçues à titre de subventions.

(2) «..... On a devancé dans de grandes proportions « la richesse des pays traversés ; on a construit de ma- « gnifiques engins de transport pour une marchandise « absente..... Continuer le nouveau réseau dans les « conditions acceptées jusqu'ici serait une véritable « folie, une folie aussi coûteuse que pourrait l'être « une grande guerre européenne. » — (Boinvilliers, conseiller d'Etat. — *L'État et les chemins de fer en* 1865.)

lignes ne peut être fait pour relier deux sous-préfectures ou relier une sous-préfecture ou un chef-lieu de canton à un chef-lieu de département : il n'y a pas là *intérêt général.*

En second lieu, comme établissement, on ne peut comparer un chemin de fer local à une route.

Une route est *indispensable* ; où elle n'existe pas, il faut absolument qu'elle soit établie ; on ne peut laisser deux localités sans voie de communication ; on comprend donc que cette voie indispensable puisse être l'œuvre de l'impôt.

Mais un chemin de fer local ne peut s'expliquer que par un trafic suffisant :

Il faut, en général, pour qu'un chemin de fer soit acceptable, que les recettes brutes, augmentées des économies de transport qu'il produira, soient au moins égales a l'intérêt des fonds engagés dans la construction, augmenté des frais d'entretien et d'exploitation (1).

---

(1) « *Il faut,* » dit M. Michel, ingénieur des ponts et chaussées et de la compagnie de Lyon, et qui a fait des études très complètes sur le trafic, « *que l'économie réalisée sur les frais de transport, jointe aux « produits nets annuels, corresponde aux sacrifices « que se seront imposés l'Etat, le departement, les « communes et la compagnie concesionnaire.* »

Notre formule est la même.

« Ceci est parfaitement exact, » dit M. Chauveau des Roches, « et le projet *doit être abandonné si « cette compensation n'est pas présumable*, ou si le « chemin n'est pas *indispensable* sous le rapport de « l'intérêt général .. »

Il faut avoir la *certitude* que cette règle sera satisfaite, et cette certitude, qu'il était difficile d'avoir au début des chemins de fer, est assez facile à acquérir aujourd'hui, pour un chemin de fer local, en étudiant consciencieusement le trafic, et proportionnant la dépense à ce trafic : *cette certitude peut et doit remplacer la garantie d'intérêts.*

Le capital représentant les économies de transport peut pour les chemins locaux, où les tarifs seront forcément élevés, se prendre à *cinq* fois les recettes brutes pour rester plutôt au-dessous de la vérité (1).

Cette donnée permet de calculer quel capital doit être engagé, en se donnant *à priori* un chiffre pour l'exploitation.

Admettons, par exemple, une recette brute de 8,000 fr. par kilomètre. Supposons les frais d'exploitation de 5,500 fr.

Le capital des économies de transport, ou la subvention, sera de 40,000 fr. Ces économies augmentées de la recette brute donnent 10,000 fr. En retranchant de cette somme les frais d'exploitation, il reste 4,500 fr., représentant l'intérêt du *capital*. En comptant cet intérêt à 6 0/0, cela représente une somme de 75,000 fr qui devra au plus être engagée dans la construction; soit 35,000 fr. de capital industriel, la subvention étant de 40,000 francs.

C'est là le côté *matériel*, le côté *industriel* de la

---

(1) Voir notre brochure : *Chemins de fer d'intérêt local; des chemins à faible trafic.* (Sous presse.)

question; celui que l'on doit envisager d'abord. Cette condition étant remplie, le chemin fait *juste ses frais*. Les avantages de l'entreprise se traduiront par des *dividendes* ou *bénéfices* pour les actionnaires et en prospérité pour la contrée traversée.

Mais il est *indispensable* que la condition *industrielle* soit remplie d'abord.

Il y a beaucoup de chemins en France, jouissant de la garantie d'intérêt, qui ne satisfont pas à cette condition ; les transports y sont à bon marché, c'est vrai ; mais *c'est l'impôt qui paie une partie des frais* ; et dans certains cas, *l'intérêt de l'argent engagé* aurait pu assurer *plus que la gratuité complète des transports sur route* (1). Arriver à l'économie des trans-

---

(1) « Veut-on, malgré tout et dans un intérêt politi- « que, faire un cadeau aux populations des compa- « gnies ? Je vais en indiquer un qui atteindra mieux « le but que la construction d'un nombre illimité de « réseaux ferrés, et qui aura de plus l'avantage de « faire au Trésor public une saignée beaucoup moins « abondante. Je n'hésite pas à affirmer que le bien- « fait dépassera de beaucoup l'attente des plus diffi- « ciles, et qu'il sera tel, en un mot, que jamais un « gouvernement n'en accorda un pareil ; il ne s'agit « de rien moins, en effet, que de faire voyager gratis « et les paysans et leurs marchandises. J'ajoute « qu'ici je ne demande aucune grâce pour mes cal- « culs ; je préviens les incrédules qu'ils sont d'une « rigueur mathématique. Entre deux points A et B, « existe une route de 100 kilomètres ; depuis deux « ans, on a remplacé cette route par une voie paral-

ports par des moyens pareils, *ce n'est pas une solution.*

---

« lèle. Je prends 100 kilomètres, parce que c'est à peu « près la moyenne des tronçons du nouveau réseau. « Quel est le mouvement de voyageurs et de mar- « chandises qui existait avant la voie ferrée? Il est « assez facile de s'en rendre compte; le produit brut « moyen kilométrique du chemin de fer est de 8,000 « francs, soit 4,000 fr. pour voyageurs et 4,000 fr. « pour marchandises; si on se rappelle, en outre, que « le voyageur paie 7 c. et la tonne 0 fr 066 cent., on « constate, par une opération des plus simples, que « le mouvement est de 66.000 tonnes ayant parcouru « 1 kilomètre, et de 55,000 voyageurs ayant fait le « même trajet. Que faudrait-il dépenser pour procu- « rer à tous ces voyageurs et à toutes ces tonnes un « roulage gratuit sur la route ordinaire? 3,700 fr. « pour les premiers et 16,650 pour les secondes (le « voyageur coûte sur la route 0 fr. 80 divisé par 12 « et la tonne 0 fr. 25). Avec une dépense de 20,000 fr. « environ par kilomètre, on servirait donc gratuite- « ment le public sur toutes les routes; tandis qu'il en « coûte 30,000 sur les voies ferrées pour obliger ce « même public à payer 7 et 6 c. par kilomètre, selon « qu'il s'agit de sa personne ou de ses colis.

« Je ne sais si je m'abuse, mais cette dernière con- « sidération me semble de nature à faire réfléchir sé- « rieusement ceux qui voudraient terminer le nou- « veau réseau comme il est commencé. » (Boinvilliers, *l'Etat et les chemins de fer en* 1865.)

La critique ci-dessus, faite à certaines grandes lignes, s'applique parfaitement à un assez grand nombre de chemins de fer d'intérêt local : il y en a où le département et l'Etat ont donné en subvention des sommes dont l'intérêt *représente jusqu'à* 150 *et*

Ainsi, ce n'est pas l'impôt qui doit exécuter les chemins de fer d'intérêt local ; il ne doit y contribuer que proportionnellement à l'intérêt général, et c'est l'impôt local qui devrait fournir la plus grosse part de cette contribution ; il est donc bien à désirer, comme nous le disions tout à l'heure, que le plus promptement possible les départements et l'Etat n'interviennent plus, ou, du moins, *très rarement.*

Il est temps de proportionner les dépenses et les subventions aux services rendus et de ne plus faire de lignes improductives :

Ce sera l'œuvre des *compagnies locales.*

C'est bien évidemment une folie de dépenser 200,000 fr., quand on peut obtenir le même résultat pour 100,000 fr., et d'en engager 100,000 fr. quand pour 50 à 60,000 fr. on peut avoir une machine de transport suffisante aux besoins présents et futurs.

Il y a longtemps qu'on l'a compris en Ecosse, où nos ingénieurs ont été *surpris des prodiges d'économies réalisées par les compagnies locales indépendantes.*

Pourquoi attendre des désastres inévitables pour

---

200 *fr. par jour* pour des longueurs de 15 à 20 kilomètres, et ces sommes seraient bien suffisantes pour *assurer le parcours gratuit* sur les routes remplacées ; ce qui prouve, de la manière la plus évidente, *que les dépenses ont été hors de toute proportion avec le trafic.*

s'engager résolûment dans cette voie économique? Il vaut bien mieux le faire de suite.

Cela dépend beaucoup des conseils généraux : il faut espérer que ces assemblées, qui prennent de plus en plus d'importance, comprendront l'avantage de l'initiative privée des compagnies locales, construisant des chemins essentiellement économiques, et qu'ils refuseront leur concours financier à toute spéculation étrangère.

En résumé,

Ce qui précède a montré que l'intervention étrangère est désastreuse pour la construction des chemins de fer d'intérêt local;

Que les compagnies locales peuvent le mieux construire et exploiter économiquement, et donner en même temps le plus de satisfaction au public.

Nous concluons donc qu'en général :

Les chemins de fer d'intérêt local doivent être provoqués par l'initiative privée;

Construits et exploités par des compagnies locales;

Et qu'ainsi les conseils généraux, *après vérification de l'enquête de trafic,* NE DOIVENT SUBVENTIONNER QUE LES COMPAGNIES LOCALES ET REFUSER TOUT SECOURS AUX ASSOCIATIONS ÉTRANGÈRES AUX LOCALITÉS INTÉRESSÉES.

BIBLIOTHÈQUE NATIONALE R.F. IMPRIMÉS

FIN.

DU MÊME AUTEUR :

DES

## CHEMINS DE FER D'INTÉRÊT LOCAL

---

## MÉMOIRE

SUR UN CHEMIN DE FER DE PONS A ROYAN

Évaluation comparative de Chemins à voie de 1 mètre et à voie ordinaire.

---

## CHEMINS DE FER DE 20 A 25,000 FRANCS

LE KILOMÈTRE.

---

## CHEMINS A FAIBLE TRAFIC

(SOUS PRESSE).

Angoulême, imp. A. Nadaud et Cⁱᵉ.

www.ingramcontent.com/pod-product-compliance
Ingram Content Group UK Ltd.
Pitfield, Milton Keynes, MK11 3LW, UK
UKHW022126260726
13993UKWH00003B/1258